井澤由美子

乳酸発酵の力で、
体の中から美しく

体がよろこぶ お漬け物

誠文堂新光社

はじめに

漬け物とは食材の保存性を高めながら、おいしく体によい影響を与えるもの。
よい香りの乳酸菌を日々取り入れると体が変わるのに気づきます。

漬け物をおいしいと感じる自分を信用できるようになるには、
自分でも作ることが大切。
野菜を手に取って香りをかぎ、色を愛で、その重みを知り、
可能な限り心に静けさを持って野菜を扱うと、
こちらの思いに応えてくれるような気がします。

乳酸菌たっぷりの発酵食を食べたとき、
「脳」が「体」が心地よいと感じるようになったらしめたもの。
体が喜ぶこと、この気持ちよさを知ると、必然的に発酵食フリークになります。

口はまさに腸の入り口なのです。本当のきれいは体の中から生まれます。
そのきれいは肌に、髪に、爪に、そして思考をもよい方向に導いてくれます。

「自分の塩梅は自分で決める」
塩梅という素敵な言葉は、梅干しづくりから生まれました。
料理の塩加減・味加減の意味と、
物事や体の具合の加減を指します。
私が作る漬け物は、幼少からの「塩遊び」から始まっていますが、
祖母や母の味、旅先で出会った郷土食、その土地土地の名人の味、
畑で口にした野菜や果物の豊かな風味など、
その感動や先人の豊かな知恵がからまり合って、生まれたものです。

口にしてきた心地よい味を舌が記憶している

時がたち、いつしか自分の味になり、自分好みに自由に仕上がる。
いろんな喜びが発酵と同じように、心をもプクプクと泡立てる。

皆さんにもこの楽しい経験をしてもらいたい。
この本では漬け物・発酵食の作り方や楽しさをお伝えしていますが、
貴方が心地よいと感じる塩梅や風味を作れるようになっていただけたら本当に嬉しい。

未来をも変える「腸能力」を貴方もぜひ高めて下さい。

井澤由美子

目次

■＝漬け物のアレンジレシピです

冬

冬のぬか漬け

春

春のぬか漬け

◆ **レシピ中の分量について**
小さじ1は5ml、大さじ1は15ml、1カップは200mlです。

◆ **加熱機器について**
ガスコンロの使用を基準にしています。IH調理器などの場合は調理器の表示を参考にしてください。

◆ **電子レンジについて**
加熱時間は600Wのものを基準にしています。500Wなら1.2倍、700Wなら0.9倍の時間で加熱してください。また、機種によって多少異なる場合があります。

◆ **容器について**
漬け物のレシピは作りやすい分量で紹介しています。容量を明記していない場合は、保存容器・保存瓶は500ml～1Lのもの、保存袋は約18×23×マチ6cmの冷凍保存袋を使用しています。

四季の漬け物を食べるということ

旬のものを食べるということは、
その素材が一番おいしいタイミングでいただくということ、
と同時に、そのときに体が欲しているものを取り入れられるということ。

たとえば、暑い夏は体を冷やしてくれる野菜が旬を迎え、
寒い冬は体を温めてくれる野菜が出そろいます。
春や秋は、季節の変わり目で体や心のバランスを崩しやすいときですが
そのころには、体内外を潤す滋味深い秋野菜や、
みずみずしい山菜、柑橘類などの春素材が食卓を彩るようになります。

さらに旬の野菜を漬け物にして食べると
保存がきき、おいしさが増すばかりか、
発酵によって乳酸菌効果がプラスされ、腸内環境が整えられます。

春夏秋冬、それぞれの季節の野菜の漬け物を楽しみながら、
体の内側からきれいを目指せます。

漬け物カレンダー

	1月	2月	3月	4月	5月	6月	7月	8月	9月	10月	11月	12月
グリーンアスパラガス				■	■	■						
きゅうり						■	■	■				
ミニトマト						■	■	■	■			
とうがん						■	■	■	■			
おくら						■	■	■	■	■		
なす						■	■	■	■	■		
セロリ					■	■	■	■	■	■		
かぼちゃ							■	■	■			
とうもろこし							■	■	■			
青唐辛子							■	■	■			
みょうが						■	■		■	■		
しめじ									■	■	■	
マッシュルーム									■	■	■	
しいたけ									■	■	■	
にんじん	■	■							■	■	■	■
長芋	■	■	■							■	■	■
白菜	■	■	■							■	■	■
大根	■	■									■	■
れんこん	■	■									■	■
ごぼう	■	■									■	■
かぶ			■	■	■					■		
山芋	■	■	■								■	■
しょうが	■	■									■	■
小松菜	■	■										■
菜の花		■	■	■								
ふきのとう		■	■									
うど			■	■								
新玉ねぎ			■	■								
春キャベツ			■	■	■							
たけのこ				■	■							
グリーンピース				■	■	■						
スナップえんどう				■	■	■						
空豆						■	■					

※地域や野菜の品種によって多少の違いがあります。

漬け物づくりの道具のこと

漬け物づくりに特別な道具は必要ありません。専用のものも売られていますが、身近なものを工夫して使うこともできます。

漬け物樽・ホーロータンク・ホーロー容器

漬ける野菜の大きさや量、漬け方で容器の種類を決めます。塩分が多く、長くぬか床を入れておくぬか漬けには、塩分や酸に強いホーロー容器がおすすめです。深さがある方が混ぜやすいのですが、冷蔵庫に入れることを考えて大きすぎないものを選んで。プラスチック製の漬け物樽はホーロータンクより軽いので、大きな野菜や大量に漬け物を漬けるときにも便利です。ハンドルを回して上から圧力がかけられる専用容器もあります。

保存瓶・密閉容器

液体の多い漬け物には、保存瓶や密閉容器が最適。透明な保存瓶だと発酵状態も一目でわかるので便利です。冷暗所や冷蔵庫で保管することも考え、スペースに合わせて選ぶようにします。

冷凍用保存袋・小さめの保存ケース

比較的少ない量の漬け物を漬けるときには、保存袋や小さめの保存ケースでもOK。保存に場所も取らず便利です。保存袋は、丈夫な冷凍用がおすすめです。袋の上からもむことができ、漬け汁も少なくてすみます。

重し・中ぶた・皿

専用の重し以外にも、ペットボトルに水を入れたものや、袋入りの塩や砂糖、石などでも代用できます。中ぶたの上に重しをのせることで、重さが均等にかかるようになります。中ぶたは容器の直径より一回り小さいものを選びます。平皿でも代用できます。

ザル

野菜を干したり、水をきったりするときに使います。野菜を干す用には、平らで大きめのものがあると便利。

容器の消毒

漬け物を漬ける前には、容器は煮沸消毒するか、専用のアルコールスプレー、アルコール度数の高い焼酎などをペーパータオルに含ませて拭き、消毒しておきます。

漬け物づくりの調味料のこと

漬け物は材料がシンプルなだけに、調味料選びは味を決める楽しみの一つ。なるべく自然に近いものがおすすめです。

塩

漬け物に欠かせない塩は、漬け物の味の決め手です。ミネラル豊富な天然の塩、粗塩を使います。

米麹

甘酒にしたり、塩やしょうゆと混ぜて、塩麹やしょうゆ麹にしたり（P94参照）、ぬか床に加えることも。甘みの強い生のものと、扱いやすい乾燥させたものとがあります。

甘酒

甘酒を使った漬け物というと「べったら漬け」が有名ですが、麹の自然な甘さを生かした漬け物になります。飲む点滴ともいわれる甘酒は栄養もたっぷりです。

甘み

基本の甘みは砂糖。この本では、砂糖はミネラルやカルシウムが豊富でまろやかな味わいのきび砂糖を使用しています。はちみつ、梅シロップ、ドライフルーツなども甘みになります。

辛み

にんにく、しょうが、赤唐辛子、粒こしょうなどお好みで。ベースが同じ漬け物でも、味に変化がつきます。さんしょうの実など、旬のスパイスを加えて楽しんでも。

香り

タイムやローズマリーなどのハーブ、みかんの皮を干したもの（陳皮）や、しょうがを干したものなど。レモンやゆず、すだちなどの柑橘は爽やかな香りと風味をプラスします。

うまみ

昆布、するめいか、干ししいたけなどは、うま味成分がたっぷりで、漬け物の味に深みやコクを加えてくれます。

夏

水分が多く含まれている夏野菜は
体の余分な熱をとり、炎症を鎮めてくれる働きがあります。
シャキシャキとした歯ごたえを生かし、
さっぱりとシンプルな漬け物にしていただきましょう。
スパイスや柑橘をアクセントに加えることで、
食欲も増し、さらに発汗作用も促します。
夏はたくさん汗をかくため、
体から失われた塩分を補給できるよさもあります。

長く漬けるほど塩味と酸味が強くなりますが、古漬けを薄切りにしてご飯にのせ、切り昆布や白すりごま、氷をのせ、緑茶をかけた古漬け茶漬けもおすすめ。また、古漬けにオリーブ油をかけて食べると美味なうえ、相乗効果でさらに腸スッキリ！

きゅうりのぬか漬け

ぬか漬けの定番。
食感を楽しむなら
浅漬けがおすすめですが、
酸味が増した古漬けも
おつなものです。

▶材料

きゅうり…5本（500g）
塩…大さじ1

【ぬか床】（保存容器4・0L）
※塩分が多いのでアルミ製や鉄製の容器は避ける。
生ぬか（または炒りぬか）…1kg
※生ぬかは新鮮なものを使用。
塩…140〜150g
しょうがの薄切り…2〜3枚
にんにくの薄切り…2〜3枚
赤唐辛子（種を除く）…2本
昆布（5cm角）…2枚
捨て漬けの端野菜
（大根のヘタ、キャベツの外葉、にんじんの皮など）…適量

▶作り方

【ぬか床を作る】

1 熱湯に塩を溶かす

鍋に水4カップを沸騰させ、塩を加えてよく混ぜる。そのまま冷ます。

湯に塩を溶かしておくことで、ぬか床に行き渡らせることができる。

2 ぬかに1を加える

容器にぬかを入れ、1を少しずつ加えてへらでざっくりと混ぜ、なじんできたら粉っぽさがなくなりしっとりするまで手でていねいに混ぜる。

底からぬかをひっくり返すように、なめらかになるまでよく混ぜ合わせる。

3 うまみ素材と捨て漬けの端野菜を入れる

ぬかにしょうが、にんにく、赤唐辛子、昆布を入れて混ぜ、さらに捨て漬けの野菜をぬかに埋め込み、ぬか床の発酵を促す。

捨て漬けの端野菜は1〜2日で取り替える。
※取り除いた端野菜は、ぬかを取り除き、刻んでスープや炒め物に使っても。

4 表面を平らにならす

表面を平らにならし、ぬれ布巾で容器の縁についたぬかをきれいに拭いて、ふたをして冷暗所に置く。朝と晩の2回かき混ぜて発酵を促すとよく、1週間〜10日ほどするとなめらかなぬか床になる。
※野菜の水分によってぬかがゆるんだら、ぬかやぬかみそからし（市販品）を適量加える。発酵させてから冷蔵庫へ。

表面を押すように平らにならす。かびの原因になるので容器の内側をきれいに拭く。

【きゅうりを漬ける】

5 下ごしらえをしてぬか床に入れる

きゅうりはヘタの先の両端を少し落とし、塩をふってもみ、ぬか床に入れて半日〜一晩漬ける。塩をふると味がなじみやすくなり、色も悪くなりにくい。

手に塩を取り、きゅうりをもむようにして上下にこする。

半日くらいからお好みの漬け具合で。長く漬けるほど酸味が増す。水分が多く出たら、表面に厚手のペーパータオルを置いて水けを取る。

夏のぬか漬け

みずみずしい夏野菜は、
新鮮なうちに漬け物に。
きりっと冷やして食べるのもおすすめです。

グリーンアスパラガスのぬか漬け

朝漬けて夕方食べるくらいがおすすめ。
洋がらしを添えても。

▶材料

グリーンアスパラガス…適量

▶作り方

グリーンアスパラガスは根元のかたい部分を包丁やピーラーで削り、半日ほどぬか床に漬ける。

＊ぬか床の作り方は13ページ

アスパラガスの下の方はかたいので、下から5㎝くらいをピーラーで削る。

みょうがのぬか漬け

香りを楽しむなら浅漬けで。
お茶請けにもぴったりです。

▶材料

みょうが…適量

▶作り方

みょうがは丸のまま、半日ほどぬか床に漬ける。

＊ぬか床の作り方は13ページ

夏のぬか床の管理

室内の温度が上がるので冷蔵庫に入れて管理するのがおすすめです。1日に1回かき混ぜれば大丈夫。混ぜると乳酸菌や酵母のバランスがよくなり、表面のカビ防止にもなります。冷蔵庫に入れると乳酸菌の発酵がゆっくりになるので、ぬか床がしっかりと熟成してから冷蔵庫へ。

夏のぬか漬け

なすのぬか漬け

ジューシーなうまみが絶品！
塩をすり込んで鮮やかな色に。

▶材料

なす…適量
塩…少々

▶作り方

なすはヘタの先を落とし、まわりにぐるりと包丁を入れてガクをはがし、全体に塩をしっかりとすり込む。ぬか床に入れ、1～2日漬ける。

※なすは水分が出やすいので、ぬか床に水分がたまったらペーパータオルで吸い取り、ぬかなどを足してかたさを調整する。

＊ぬか床の作り方は13ページ

ヘタの部分のとげに気をつけて、ガクをはがすように取り除く。

味をしみやすくし、色よく仕上げるために、全体に塩をよくすり込む。

太めのなすの場合は、切り込みを入れ、ぬかをはさんで漬けるとよい。

かぼちゃのぬか漬け

電子レンジで軽く加熱してから漬けると
ほどよい歯ごたえを楽しめます。

▶材料

かぼちゃ…適量

▶作り方

かぼちゃは種とワタを除き、皮ごとふんわりとラップをかけて、電子レンジで加熱する（¼個〈約400g〉当たり600Wで約2分）。ラップを外してぬか床に入れ、半日～1日漬ける。

＊ぬか床の作り方は13ページ

すいかの皮のぬか漬け

カリウムたっぷりのすいかの皮も、
さっぱりとおいしいぬか漬けに。

▶材料

すいかの皮…適量

▶作り方

すいかの皮は皮をむきやすい大きさに切り、外側の皮を薄くむく。ぬか床に入れ、2時間～半日漬ける。

＊ぬか床の作り方は13ページ

外側のかたい皮をなるべく薄くむく。漬け上がってから食べやすく切って。

かぼちゃのさっぱり漬け

甘酸っぱさが素材の味を引き立てる「さっぱり漬け」。甘みのあるかぼちゃはピリッとした辛みをアクセントに。

▶材料（作りやすい分量）

かぼちゃ…1/4個（350〜400g）

A
- だし汁…3/4カップ
- 酢…1/4カップ
- 粒こしょう…10粒
- 砂糖…大さじ2 1/2
- 塩…小さじ1

▶作り方

1 かぼちゃは種とワタを除き、皮ごとふんわりとラップをかけて、電子レンジ（600W）で約2分加熱し、くし形に切る。

2 容器にAを入れて混ぜ合わせ、1を入れる。冷蔵庫に入れて半日〜1日おく。

保存

＊冷蔵庫で1週間

かぼちゃは電子レンジで加熱してからだと切りやすい。

とうもろこしのさっぱり漬け

甘みと酸味のバランスが絶妙！
夏ならではの味を楽しんで。

▶材料（作りやすい分量）
とうもろこし…小2本
A
だし汁…¾カップ
酢…¼カップ
砂糖…大さじ2½
塩…小さじ1

▶作り方
1 とうもろこしは2～3cmの輪切りにし、食べやすくさらに半分に切る。
2 容器にAを入れて混ぜ合わせ、1を入れる。冷蔵庫に入れて半日～1日おく。

あらかじめ食べやすい大きさに切ってから漬ける。

保存
*冷蔵庫で1週間

とうがんのさっぱり漬け

厚めにカットしたとうがんはさっとゆでてから漬けます。つめたく冷やしてどうぞ。

▶材料(作りやすい分量)

とうがん…1/4個(約500g)
すだち…1個
A
　だし汁(濃いめ)…1カップ
　酢…1/3〜1カップ
　はちみつ…大さじ2
塩…小さじ1

▶作り方

1 とうがんは種とワタを除き、横3cm幅に食べやすく切ってから薄く皮をむく。すだちは横半分に切って半分は輪切りにし、もう半分はしぼる。

2 鍋に湯を沸かし、1を入れて7〜10分、竹串がスッと通り、半透明になったら冷水にとり、水けをしっかりきる。

3 容器にA、すだちのしぼり汁を入れて混ぜ合わせ、すだちの薄切り、2を入れる。冷蔵庫に入れて半日〜1日おく。

保存
＊冷蔵庫で4日間

とうがんは包丁かピーラーを使って薄く皮をむく。

とうがんが半透明になるまでゆでる。

容器に広げ入れ、漬け汁に浸るようにする。

セロリとレモンのさっぱり漬け

セロリのパリパリとした食感と爽やかな風味が夏にぴったり!

▶材料(作りやすい分量)

セロリ…大1本(約150g)
レモンの薄切り…2〜3枚
A
　だし汁…1/2カップ
　酢…1/3カップ
　砂糖…大さじ2〜2 1/2
塩…小さじ1弱

▶作り方

1 セロリは筋を除いて斜め1cm幅に切る。葉は食べやすい大きさに切る。

2 保存袋にAを混ぜ合わせ、1、レモンを入れてもむ。冷蔵庫に入れて半日〜1日おく。

保存
＊冷蔵庫で1週間

セロリは筋がかたいので、根元に深めに包丁を入れて引っ張るようにして筋を除く。

保存袋で作ると漬け汁が少なくてすみ、保存にも場所をとらない。

Arrange

ささ身をゆでて合わせるだけで簡単！

とうがんと鶏肉のあっさり浸し

材料（2人分）

「とうがんのさっぱり漬け」（P20）の
とうがん…6～8個、
すだち…適量、漬け汁…1カップ
鶏ささ身…2～3本
塩…少々
かたくり粉…適量

作り方

1 ささ身は筋を除き、そぎ切りにする。塩をふり、薄くかたくり粉をまぶす。熱湯でゆで、冷水にとってザルに上げる。

2 器に1のささ身ととうがん、すだち、漬け汁を入れ、好みで粉ざんしょうをふっても。

Arrange

トマトと漬け汁の酸味で体すっきり！

セロリとレモンの冷製スープ

材料（2人分）

「セロリとレモンのさっぱり漬け」（P20）のセロリ・レモン…各適量、漬け汁…大さじ2

トマトジュース…1カップ

作り方

トマトジュースに漬け汁を加えて混ぜ、セロリとレモンを加える。

Arrange

防腐効果があるのでお弁当にも

とうもろこしのサマーライス

材料（2人分）

「とうもろこしのさっぱり漬け」（P19）のとうもろこし…4個

酢飯…2皿分

パセリのみじん切り…適量

作り方

1 とうもろこしの半量は実を削ぐ。

2 酢飯に1、パセリを混ぜ、残りのとうもろこしを添える。

ミニトマトのピクルス風

見た目もかわいいミニトマトの漬け物。
和洋2種類の味つけで楽しんで。

ミニトマト×昆布

ミニトマト×ハーブ

ミニトマト×ハーブ

▶材料（作りやすい分量）

ミニトマト…2パック（約500g）
ローズマリー…1本
粒こしょう…10粒
A
酢…¾カップ　砂糖…大さじ6〜7
水…1½カップ　塩…大さじ1

▶作り方

1 ミニトマトはヘタを除く。

2 鍋にA、ローズマリー、こしょうを入れて火にかけ、3〜4分煮立たせる。そのまま冷ます。

3 瓶に1を入れ、2を注ぐ。冷蔵庫に入れて3時間以上おく。

保存

＊冷蔵庫で2週間保存

ミニトマト×昆布

▶材料（作りやすい分量）

ミニトマト…2パック（約500g）
昆布（3cm四方）…2枚
A
だし汁…2カップ
酢…大さじ4
塩…小さじ1〜2

▶作り方

1 ミニトマトはヘタを除く。

2 瓶に1と昆布を入れ、Aを混ぜ合わせて注ぐ。冷蔵庫に入れて3時間以上おく。

保存

＊冷蔵庫で3〜4日保間

Arrange

漬け汁ごとかけるだけ。ごま油で風味もアップ

ミニトマトの冷やしそうめん

材料（2人分）

「ミニトマトのピクルス風（ミニトマト×昆布）」のミニトマト・漬け汁…合わせて1カップ
そうめん…2束
しょうが・青じそのせん切り…各適量
白すりごま…適量
ごま油…小さじ1

作り方

1 そうめんは熱湯で袋の表示時間通りにゆでる。ザルに上げて湯をきり、冷水でしめてごま油であえる。

2 1を器に盛り、ミニトマトと漬け汁をかける。しょうがと青じそをのせ、すりごまをふる。

おくらのカレーしょうゆ漬け

歯ごたえ抜群！ ほんのりカレー風味で箸が止まらないおいしさです。

▶材料(作りやすい分量)

おくら…16本(140g)
中国さんしょう(フォアジャオ)…10粒
A
- 酢…¾カップ
- 水…¾カップ
- カレー粉…小さじ2
- しょうゆ…大さじ2
- 砂糖…大さじ2½
- 塩…小さじ1

▶作り方

1 オクラは袋に入れたまま塩少々(分量外)をふってもみ、ヘタのがくを除く。そのまま熱湯で色が鮮やかになるまでゆで、冷水にとって水けを拭く。

2 瓶に1と中国さんしょうを入れ、Aを混ぜ合わせて注ぐ。しっかりつかるように上にラップをのせてふたをし、冷蔵庫に入れて半日～4日おく。

保存
＊冷蔵庫で2週間

オクラは袋に入れたまま塩をふり、まな板の上で転がす。

ヘタは切り落とさずに、ガクなどのかたい部分を削る。

オクラは瓶に縦に入れる。上の部分までしっかりつかるよう、ラップをのせてからふたをする。

みょうがの甘酒梅麹漬け

飲む点滴といわれる甘酒とクエン酸たっぷりの梅。疲労回復の最強コンビです。

▶材料(作りやすい分量)

みょうが…7個(150g)
酢…大さじ3
砂糖…小さじ2
A
- 梅干し(種を除いてたたく)…大さじ3
- 甘酒…½カップ
- はちみつ…大さじ1～2

▶作り方

1 みょうがは縦半分に切り、熱湯でさっとゆでてザルに上げる。

2 ボウルに砂糖、酢を混ぜ合わせ、1を熱いうちに加えてなじませる。

3 保存袋にAのはちみつと梅干しを入れてペースト状にし、甘酒を加える。2を入れてもみ、冷蔵庫に入れて1時間～3日おく。

保存
＊冷蔵庫で7日間

Arrange

みょうがの甘酒梅麹漬けのぬたあえ

甘酒でまろやかになったみょうががとろりと甘いねぎとよく合う

材料(2人分)

「みょうがの甘酒梅麹漬け」の
みょうが…5～6個、漬け汁…適量
長ねぎ…⅓本
しょうゆ…小さじ1

作り方

1 みょうがは細切りにする。

2 長ねぎは長さを半分に切り、熱湯で1～2分ゆでて食べやすく切る。しょうゆをかけてしぼる。

3 1、2をあえ、漬け汁を好みの量足す。

きゅうりのさっぱり漬け

パリパリきゅうり

きゅうりのさっぱり漬け

きゅうりを半日干すことで、
歯ごたえよく、うまみを凝縮させます。

▶材料(作りやすい分量)

きゅうり…3本(300g)
レモンの薄切り…2枚
A ─ 酢…大さじ4
　 ─ 砂糖…大さじ2½
　 ─ 塩…小さじ1½

▶作り方

1 きゅうりは3cm長さに切り、ザルに並べて半日干す。

2 保存袋にAを入れて混ぜ合わせ、1とレモンを入れてもむ。冷蔵庫に入れて半日〜1日おく。

保存
＊冷蔵庫で1週間

きゅうりは切り口を上にしてザルにのせ、天日に干す。

袋の中でもんで漬け汁を全体に行き渡らせる。

パリパリきゅうり

甘辛じょうゆにパリパリの食感が
やみつきに。日持ちもします。

▶材料(作りやすい分量)

きゅうり…3本(300g)
しょうがの薄切り…4〜5枚
A ─ 酢…½カップ
　 ─ しょうゆ…½カップ
　 ─ みりん…½カップ

▶作り方

1 きゅうりは乱切りにする。

2 鍋にAとしょうがを入れて煮立てて、きゅうりを加え、スプーンなどで混ぜながら煮る。再び煮立ったら鍋ごと氷水につけて冷やす。これを4〜5回繰り返す。色が濃くなり、だんだんきゅうりにしわが寄ってくる。

3 容器に入れ、冷蔵庫で保存する。すぐに食べられる。

保存
＊冷蔵庫で1カ月

漬け汁を煮立たせ、きゅうりを加えて煮る。

氷水を入れたボウルに鍋をつけ、スプーンなどで混ぜながら手早く冷やす。

Arrange

豚肉ときゅうりの炒め物

漬け汁も活用して味つけいらず。
ご飯が進む一皿に

材料(2人分)

「パリパリきゅうり」のきゅうり…½カップ、しょうが…適量、漬け汁…大さじ1〜2
豚切り落とし肉…200g
ごま油…大さじ1

作り方

1 豚肉はポリ袋に入れ、漬け汁を加えてもむ。

2 フライパンにごま油を熱し、1を漬け汁ごと入れて炒め、豚肉の色が変わったらきゅうりとしょうがを加えてさらに炒める。

秋

夏の暑さで疲れた体をいたわり、寒い冬に備える時期。
特に水キムチは、発酵食品の中でも
格段に乳酸菌の数が多い漬け物で、
腸から元気にしてくれます。
また、秋の旬を代表するきのこは、自身が子実体の菌。
繊維も豊富で、発酵食にすると相乗効果をもたらします。
晩秋には、新米をおいしく食べられる
滋味あふれるお漬け物を味わいましょう。

なすとみょうがの水キムチ

米のとぎ汁で発酵させた、汁ごと食べる水キムチ。
秋に一段とおいしくなる、
なすとみょうがで作ります。
なすは色落ちするので早めにいただきましょう。

材料（作りやすい分量）

なす…3個（約240ｇ）
　塩…大さじ1
みょうが…3個
米のとぎ汁…2カップ
※米を一度ざっと洗ったあとのとぎ汁を使用。
塩または塩麹（P94参照）…大さじ1
砂糖…大さじ1½〜2
酢…小さじ2〜3
りんごのくし形切りの薄切り…2〜3枚
にんにくの薄切り…2枚
しょうがの薄切り…4枚
赤唐辛子（種を除く）…1〜2本
昆布（5㎝四方）…1枚

保存

＊冷蔵庫で3日間

作り方

1 材料の下ごしらえをする

なすは乱切りにしてボウルに入れ、塩を加えてもみ、重しをのせて20~30分おく。みょうがは縦半分に切り、さらに縦半分に切る。

塩でもむと、水分やアクが抜ける。

重しをして水分を抜き、漬かりやすくする。

2 容器に入れる

なすが少ししんなりしたら、軽く水けをしぼって、みょうがとともに容器に入れ、りんご、にんにく、しょうが、赤唐辛子、昆布も入れる。

りんごを加えると甘みが出る。

3 米のとぎ汁を加える

米のとぎ汁に塩、砂糖、酢を加えてひと煮立ちさせ、冷まして注ぐ。冷蔵庫に入れて半日~1日おく。

栄養豊富な米のとぎ汁で発酵を促進する。

きのこの水キムチ

3種類のきのこを使ってうまみたっぷり。きのこの栄養と食感を生かすため、加熱しすぎないようにしましょう。

▶材料（作りやすい分量）

しめじ…1パック（約100g）
エリンギ…2本
しいたけ…3枚
米のとぎ汁…2カップ
※米を一度ざっと洗ったあとのとぎ汁を使用。
塩または塩麹（P94参照）…大さじ1
砂糖…大さじ1½〜2
酢…小さじ2〜3
にんにくの薄切り…2枚
しょうがの薄切り…3〜4枚
赤唐辛子（種を除く）…1本
昆布（5㎝四方）…1枚分

──A──

保存
＊冷蔵庫で2週間

作り方

1 下ごしらえをする
しめじは石づきを除いてほぐす。エリンギは縦6等分に裂く。しいたけは石づきを除き、5㎜幅の薄切りにする。軸は好みで入れても。

2 漬け汁を火にかける
鍋にAを入れて煮立て、アクを除く。

3 きのこを加える
しめじ、エリンギ、しいたけを加え、しんなりしたら火を止める。

4 容器に入れる
粗熱がとれたら容器に入れる。冷蔵庫に入れて半日～3日おく。

アクが浮いてきたらていねいに取り除く。

きのこ類は火を入れすぎないように注意する。

日を追うごとにうまみを増していく。

Arrange

きのこと芽かぶのあえ物

のどごしのよい食物繊維たっぷりの組み合わせ

材料(2人分)

「きのこの水キムチ」(P34)のきのこ…大さじ4〜5、
漬け汁…大さじ2

芽かぶ…2パック

おろししょうが…適量

作り方

1 きのこと漬け汁を合わせ、芽かぶとあえる。

2 器に盛り、しょうがを添える。

Arrange

豚しゃぶきのこ

ゆでた肉にかけるだけ。ポン酢をつけて食べても美味

材料(2人分)

「きのこの水キムチ」(P34)のきのこ…大さじ4〜5、
漬け汁…大さじ3

豚しゃぶしゃぶ用肉…150g

かたくり粉…適量

作り方

1 豚肉は薄くかたくり粉をまぶし、熱湯でさっとゆでてザルに上げ、水けをきる。

2 皿に盛り、きのこと漬け汁をかける。好みでせりを添えても。

Arrange

漬け汁には乳酸菌がいっぱい！
しょうゆを少し加えて味をまろやかに

なすとみょうがの冷麺

材料（2人分）

「なすとみょうがの水キムチ」（P32）の
なす・みょうが・赤唐辛子・漬け汁
…合わせて2カップ
しょうゆ…少々
冷麺…2玉
ゆで卵（半熟）…1個

作り方

1 漬け汁に、しょうゆを加えて味をととのえる。

2 冷麺は熱湯で袋の表示時間通りにゆでる。氷水を入れたボウルにとってもみ洗いし、水けをしぼる。

3 器に2を盛り、1をかけ、なす、みょうが、赤唐辛子と、ゆで卵を縦半分に切ってのせる。

※漬け汁を冷凍して冷麺に入れても美味。

青唐辛子のしょうゆ麹漬け

ピリッとした辛さがコクのあるしょうゆ麹と相性抜群！
ご飯のお供としてだけでなく、調味料としても活躍します。

材料（作りやすい分量）

青唐辛子の小口切り…5本分
しょうゆ麹（P94参照）…大さじ7
おろしにんにく…小さじ2
おろししょうが…小さじ1

作り方

瓶にすべての材料を入れてよく混ぜ合わせ、1日以上おく。

保存

＊冷暗所で1カ月

すべての材料を入れて混ぜるだけでOK。

ねかせるとさらにおいしくなる。冷蔵庫なら3カ月保存可能。

Arrange

牛肉とキャベツのスタミナ炒め

キャベツの上で蒸し焼きに。
麹が肉をやわらかく仕上げ、ご飯が進むおかずに

材料（2人分）

「青唐辛子のしょうゆ麹漬け」…大さじ1～2
牛焼肉用肉…150g
キャベツ…2～3枚
ごま油…大さじ1

作り方

1 ポリ袋に牛肉と「青唐辛子のしょうゆ麹漬け」を入れてもむ。キャベツは一口大に切って水に3分さらす。

2 フライパンにキャベツを広げ入れて水大さじ2をふり、1の牛肉をのせてごま油を回しかける。ふたをして3～4分、強めの中火で蒸し焼きにして混ぜ、器に盛る。

えのきの塩麹漬け

きのこと塩麹のダブルのうまみ。
きのこの菌と麹菌の働きで腸も元気に！

材料（作りやすい分量）

えのきだけ…大1袋（約300g）
塩麹（P94参照）…大さじ1〜2
酒…大さじ2〜3

作り方

1 えのきだけは石づきを切り落として鍋に入れ、酒を加えてアルコールを飛ばすように強火で炒め、冷ます。

2 保存袋に塩麹を入れ、1を加えてもみ込む。すぐに食べられる。

保存
＊冷蔵庫で3日間

えのきだけは火が通りやすいので、強火でさっと炒めて火を通す。

粗熱をとり、水けをしっかりきってから塩麹と合わせる。

マッシュルームのロシア漬け

ほんのり広がるにんにくとヨーグルトの風味。
肉厚のマッシュルームは生で漬けて食感も◎。

材料（作りやすい分量）

マッシュルーム…17個（約180g）
にんにくの薄切り…2枚
A
　ヨーグルト…大さじ2
　酢…¼〜½カップ
　水…¾カップ
　砂糖…大さじ3
　塩…小さじ1½

作り方

瓶にマッシュルームとにんにくを入れ、Aを混ぜ合わせて注ぐ。しっかりつかるように上にラップをのせてふたをし、冷蔵庫に入れて半日以上おく。

保存
＊冷蔵庫で2週間

マッシュルーム全体が漬け汁に浸るよう、最後にラップをのせる。

マッシュルームは生のまま瓶に入れ、漬け汁を注ぐだけ。

根菜と干ししいたけのしょうゆ麹漬け

干ししいたけの香り、うまみ、栄養がギュッと凝縮。滋養たっぷりの根菜と組み合わせて。

材料（作りやすい分量）

れんこん…1節（約200g）
にんじん…150g
干ししいたけ…3枚
にんにくの薄切り…½片分
しょうがの薄切り…½かけ分
しょうゆ麹（P94参照）…大さじ2
酒…大さじ3
だし汁…1½カップ

作り方

1 しょうゆ麹はハンドミキサーなどでペースト状にする。

2 れんこんはたわしでこすり洗いし、いちょう切りにして酢水（分量外）にさらし、水けをきる。にんじんは半月切りにする。干ししいたけは水でもどし、細切りにする。

3 鍋に2、にんにく、しょうがを入れて火にかけ、酒、だし汁を加え、色が鮮やかになるまで煮る。

4 容器に入れ、粗熱がとれたら1を加えて混ぜ合わせる。冷蔵庫に入れて半日～1日おく。

保存
*冷蔵庫で4～5日間

根菜の色が鮮やかになるまで、だし汁で煮る。

しょうゆ麹はペースト状にして混ぜ、なめらかな食感に仕上げる。

れんこんと切り干し大根のハリハリ漬け

切り干し大根は、太めの割り干しを使うのがポイント。ポリポリとした歯ごたえがたまりません。

熱湯でれんこんと切り干し大根をさっと下ゆでする。

漬け汁を煮立ててれんこんと切り干し大根を加え、しっかり味を含ませる。

粗熱をとってから冷蔵庫へ。冷ますことで、さらに味が入る。

材料（作りやすい分量）

れんこん…1節（約200g）
切り干し大根（割り干し）…60g
A
　酢…40ml
　しょうゆ…70ml
　みりん…大さじ2
　砂糖…大さじ1～1½

作り方

1 れんこんは薄切りにして酢水（分量外）にさらさらし、水けをきる。切り干し大根は水でもどして水けをしぼる。

2 鍋に湯を沸かし、1を入れて30秒～1分、さっとゆでて水けをきる。

3 別の鍋にAを入れ、ひと煮立ちさせる。2の水けを拭いて加え、3～5分煮る。

4 容器に入れ、冷蔵庫に入れて3時間以上おく。

保存
*冷蔵庫で2週間

根菜と干ししいたけの
しょうゆ麹漬け

れんこんと切り干し大根の
ハリハリ漬け

長芋と昆布のご長寿漬け

長芋や山芋は、山薬と呼ばれるほど滋養があります。昆布、しょうゆ麹と合わせると健康効果もアップ！

材料（作りやすい分量）
長芋…200g
── 切りいか…5g
── 細切り昆布…5g
A しょうゆ麹（P94参照）…大さじ3
── 酢…大さじ2
── はちみつ（または砂糖）…大さじ1

作り方
1 長芋は、たわしでこすり洗いしてから、表面のひげ根をあぶり、4～5cm長さに切って六つ割りにする。
2 保存袋にAを混ぜ合わせて1を漬け、冷蔵庫に入れて半日～1日おく。

保存
＊冷蔵庫で4～5日間

長芋は火で軽くあぶり、まわりの細かいひげ根を焼き切る。

保存袋に調味料などを入れてよく混ぜ合わせておく。

長芋を加え、保存袋の外側からよくもみ、味をしみ込ませる。

秋のぬか漬け

うまみの強い秋野菜は、
ぬかの風味との絶妙なバランスが楽しめます。
切り方を変えて食べごろや漬け具合を調整してみても。

エリンギのぬか漬け

うまみが強く、
エリンギならではの歯ごたえが楽しい。

材料

エリンギ…適量

作り方

エリンギは熱湯でさっとゆでて水けを拭き、ぬか床に入れ、1時間～1日漬ける。

＊ぬか床の作り方は13ページ

長芋のぬか漬け

シャキシャキの食感に、
ほんのりと感じるぬかの風味が美味。

材料

長芋…適量

作り方

長芋は、たわしでこすり洗いしてから、表面のひげ根をあぶる。容器に合わせて長さを切ってぬか床に入れ、半日～3日漬ける。

＊ぬか床の作り方は13ページ

秋のぬか床の管理

まだ気温が高い秋口は冷蔵庫管理が安心。涼しくなってきたら、冷暗所において1日1回かき混ぜるペースに。水分の多い夏野菜を漬けてきたせいでぬかがゆるくなってきたと感じたら、ペーパータオルで水分を吸い取ったり、ぬかを足したりして対処します。

冬

葉野菜が不足しがちな冬は、
まさに保存のきく漬け物の出番です。
大根や白菜など、甘みが増した冬野菜は繊維がたっぷりで、
運動不足になりがちな季節でも腸の働きを助けてくれます。
代謝をよくし、体を温めてくれる素材も一緒に、
漬け物にしていただきましょう。
昔ながらの漬け物や、本格的なキムチも
この時期ならではの楽しみの一つです。

白菜の塩漬け

干した白菜で漬ける塩漬けは、うまみが凝縮されています。手軽に作れる½個くらいから挑戦してみましょう。多めに作れば、色々な料理にも活用できます。

材料（作りやすい分量・漬け物樽10L）

白菜…½個
塩…大さじ5～6
細切り昆布…5g
赤唐辛子（種を除く）…2本
ゆずの皮…2～3枚

作り方

1 白菜を干す
白菜は株元に切り目を入れて裂くように縦半分に割り、ザルに広げて天日に半日干す。

2 葉に塩をふる
1をざっと洗い、葉の間を広げて塩をふり、芯のかたい部分には多めにふる（全部で大さじ5程度）。大きめの白菜の場合はさらに半割りにして漬けても。手についた塩は白菜の表面にぬる。

水分が抜けにくいかたい部分に多めに塩をふる。

3 容器に入れる
容器に大さじ1程度の塩をふり入れ、白菜を互い違いに隙間なく入れ、上からギュッと押さえる。細切り昆布、赤唐辛子、ゆずの皮を散らす。

4 重しをしてポリ袋で覆う
皿を置いて上に重し（3・5kg）をのせる。軽すぎると水が上がってこないので、白菜の重さの2倍くらいがよい。容器全体をポリ袋で覆い、冷暗所に置く。2～3日で水が上がってくるが、もし充分に水が上がらないときは、薄めの塩水少々を足すか、重しを重くして様子をみる。

ポリ袋で覆うと、ごみや虫が入らず、においも防げる。

5 水が上がったら3～4日で食べごろ
漬け始めて1週間ほどしたら食べごろ。食べる分だけ取り出し、水けをしぼって切り分ける。残りは漬け汁ごと保存袋に入れて、冷蔵庫で保存する。

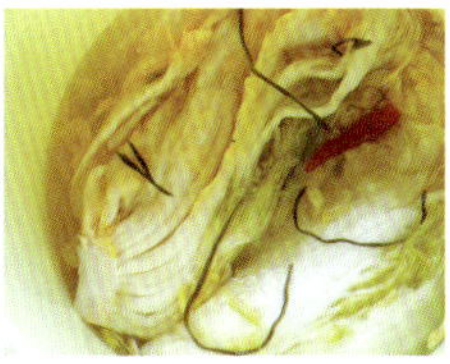

常に液に浸っている状態で保存する。

保存
＊冷蔵庫で1週間

Arrange

生ハムの代わりにスモークサーモンや、しめさばなどの魚でも

白菜の生ハムミルフィーユ

材料（2人分）

「白菜の塩漬け」（P50）の白菜（縦4分の1、横半分に切ったもの）…1個
生ハム…5枚
青じそ…10枚
オリーブ油…適量

作り方

1　白菜の葉1枚ごとに生ハム1枚、青じそ2枚を交互にはさみ、ぴったりとラップで包んで冷蔵庫で約1時間なじませる。

2　食べやすく切って器に盛り、オリーブ油をふり、好みで、こしょうや粉ざんしょうをふっても。

Arrange

白菜のピェンロー風鍋

白菜の漬け汁がうまみの素。
調味料はほとんど不要です

材料（2人分）
「白菜の塩漬け」（P50）の白菜・昆布・赤唐辛子・漬け汁…合わせて100g
鶏手羽先…4〜5本
春雨…30g
酒…¼カップ

作り方
1 春雨は水でもどす。
2 鍋に手羽先と水3カップ、酒を入れ、沸騰したら弱火で約20分煮る。食べやすく切った白菜、昆布、赤唐辛子、漬け汁を鍋に入れて温め、春雨を加える（水分が足りなければ水を足す）。好みで、ポン酢やゆずこしょうをつけて食べても。古漬けの白菜を使うとさらにうまみが増しておすすめ。

大根のさっぱり漬け

きんかんの爽やかな香りと
大根の歯ごたえが心地よい。

▶材料（作りやすい分量）

「大根の塩漬け」（左下参照）…2個
A　酢…½カップ
　　砂糖…大さじ3
　　塩…小さじ1
昆布（4㎝四方）…1枚
きんかんの薄切り…5〜6枚

▶作り方

1　「大根の塩漬け」は、風通しのいい場所に半日ほど干す。
2　1を3〜4㎝長さに切り、端から縦に7〜8㎜幅に切る。
3　保存袋にAを入れて混ぜ合わせ、2と昆布、きんかんを入れて軽くもむ。冷蔵庫に入れて半日以上おく。

保存
＊冷蔵庫で3週間

大根の塩漬けは切り口を上にして半日ほど天日に干してから漬けるとうまみが濃くなる。

べったら漬け

歯ごたえのよさと、あっさりとした甘さが魅力。
お茶請けにもぴったりの漬け物です。

▶材料（作りやすい分量）

「大根の塩漬け」（左参照）…2個
塩麹…小さじ½〜1
甘酒…½カップ
赤唐辛子（種を除く）…3本

▶作り方

1　「大根の塩漬け」は、風通しのいい場所に半日ほど干す。
2　1を1㎝厚さの半月切りにする。
3　保存袋に塩麹、甘酒を入れ、2、赤唐辛子を入れて軽くもむ。冷蔵庫に入れて半日以上おく。

保存
＊冷蔵庫で5日間

保存袋の中で漬けだれをよくもみ込む。

大根の塩漬け

この下ごしらえさえしてあれば、水分が抜けてパリパリと歯ごたえよく、味もなじみやすい、理想の大根のお漬け物が作れます。漬ける前に半日ほど天日に干してから使って。

材料（作りやすい分量）

大根…1本
塩…大さじ3〜4

作り方

1　大根は葉を切り落とし、よく洗う。皮付きのまま、長さを2〜3等分に切り、さらに縦半分に切る。
2　漬け物容器に入れ、塩をよくなじませる。上から圧力をかけて、水が上がるまで冷暗所で3〜5日おく。

多めに作っておくと便利。すぐに使わない分は冷蔵庫で約1カ月保存できる。

大根のさっぱり漬け

べったら漬け

たくあん

昔ながらのお漬け物としておなじみのたくあん。
これもぬか漬けの一つで、
手間がかかるイメージがありますが意外と簡単にできます。

たくあん用の「干し大根」は晩秋くらいから出回る。自分で作る場合は、細めの大根を、葉を紐で結んで竿などにかけたり、ザルに置いたりして、1～2週間ほど風通しのよいところで干す。

▶材料(作りやすい分量・漬け物容器4L)

市販のたくあん用干し大根(葉を除く)…2本
生ぬか(または炒りぬか)…300g
※生ぬかは新鮮なものを使用
粗塩…大根の重量に対して3～5%
砂糖(またはざらめ)…大さじ2～3
赤唐辛子(種を除く)…2～3本
昆布(5×3cm)…1枚

▶作り方

1 大きめのポリ袋に、ぬか、塩、砂糖、赤唐辛子、昆布を入れて混ぜ、干し大根を入れてよくなじませる。

大根をしならせ、容器に隙間なく詰める。

2 空気を抜いて袋の口を縛り、漬け物容器にセットする。重しをしっかりし、水けが出るまで2～3週間おく。

大根の重さの1.5～2倍程度の圧力をかける。

3 食べる分だけ取り出し、ぬかを落として食べやすく切る。残りのたくあんは、ぬかに漬けた状態で、そのまま冷暗所で保存する。

なるべく空気に触れないように袋の空気を抜き、容器に入れて保存する。

白菜キムチ

キムチは「世界5大健康食品」の一つ。韓国で作られているのと同じ、しっかり発酵した乳酸菌たっぷりの本格キムチのレシピです。

▶材料（作りやすい分量・保存容器2L）

白菜…1/4個
　塩…大さじ1
にんじん…1/5本
にら…3本
せり…5〜6本
だし（鍋に水2カップ、煮干し30g、
　昆布〈5×3cm〉1枚を入れて30分おく）
砂糖…大さじ1/2
白玉粉…大さじ1
粉唐辛子（粗びき）…15g
粉唐辛子（細びき）…15g
アミの塩辛
　（または明太子やいかの塩辛を刻んだもの）
　…大さじ1〜2
梅エキス
　（梅シロップまたははちみつ）…大さじ1
いわしエキス
　（ナンプラーまたはしょっつる）…小さじ1〜2
おろしにんにく…1片分
おろししょうが…1かけ分
りんごのすりおろし…大さじ2
白すりごま…大さじ1

▶作り方

【白菜を下漬けする】

1 白菜を干す
白菜はザルに並べて風通しのいい場所に置き、半日ほど干す。

半日ほど天日に干すと葉の間が広がってくる。

2 葉に塩をふる
1をざっと洗い、葉の間を広げて塩をふり、芯のかたい部分全体をもむ。

3 漬け物容器にセットする
2を漬け物容器に入れ、上から圧力をかけて一晩おく。

容器にギュッと隙間なく詰める。

白菜の重量の2倍程度の圧力をかける。

【ヤンニョムを作る】

4 野菜の下ごしらえをする
にんじんは細切り、にら、せりは4cm長さに切ってボウルに入れる。砂糖をふり、しんなりするまで混ぜる。

砂糖をふってしんなりさせる。

5 だしをとってとろみをつける
煮干しと昆布の入った鍋を火にかけ、半量くらいになるまで煮詰める。昆布と煮干しをこし、白玉粉を水大さじ2で溶き入れてよく混ぜ合わせ、とろみをつける。

とろみがついたら火を止めて冷ます。

←

6 粉唐辛子にだしを混ぜる

別のボウルに粉唐辛子を入れて混ぜ合わせ、5を熱いうちに加えて混ぜ、粗熱をとる。

熱いだしを注いで、唐辛子をしっかり溶かす。

7 野菜や薬味を加えて混ぜる

6のボウルに、アミの塩辛を包丁でたたいて加え、梅エキス、いわしエキス、にんにく、しょうが、りんご、すりごまも加えて混ぜる。4の野菜を入れてさらに混ぜ合わせる。

だしや薬味野菜を加えてヤンニョムの完成！

【本漬け】

8 白菜の水けをしぼる

3を一晩おいて水けが出たら白菜を洗い、根元を上にして持って根元から水けをしぼる。

根元から葉に向かってしぼっていく。

9 ヤンニョムをぬる

白菜の葉の間にヤンニョムをぬる。

味がよくなじむように、葉の間を一枚一枚ていねいに広げてヤンニョムをぬる。

10 容器に入れる

容器にも先にヤンニョムを少し入れてから9の白菜を入れ、ラップをかけてふたをする。1～2日は冷暗所におき、冷蔵庫に入れる。1週間後くらいから発酵しておいしく食べられる。

なるべく隙間なく容器に詰める。

冷暗所で発酵させてから冷蔵庫へ入れる。

保存

＊冷蔵庫で1カ月

かぶのキムチ

ヤンニョムの作り方を覚えてしまえば、あとはとっても簡単！
かぶの甘みも引き立ちます。

▶材料（2人分）

かぶ…3～4個
塩…小さじ1弱
「ヤンニョム」（P59「白菜キムチ【ヤンニョムを作る】」参照）
…大さじ2～3

▶作り方

1 かぶは5～6つ割りにし、葉は5cm長さに切る。

2 ボウルに入れ、塩をふってもむ。かぶがしんなりしたらさっと水で洗い、水けを拭く。

3 「ヤンニョム」を加えてあえる。2～3日中がおいしい。

保存

＊冷蔵庫で2～3週間

Arrange

キムチと厚揚げのさっと煮

こってり煮たいときは漬け汁を増やし、数分長く煮ます

材料（2人分）

「白菜キムチ」（P58）の白菜…100g、
　漬け汁…½カップ
厚揚げ…½枚
白すりごま…適量

作り方

1 厚揚げは縦半分に切り、端から5㎜幅に切る。
2 鍋に白菜、漬け汁を入れて弱火で3～4分煮る。
　器に盛り、すりごまをふる。

Arrange

かぶキムチとたこのおつまみあえ

たことかぶの食感の違いも楽しい

材料（2人分）

「かぶのキムチ」（P60）のかぶ…2～3個分
ゆでだこ…70g

作り方

たこは食べやすい大きさの乱切りにし、かぶとあえる。

根菜のみそ漬け

冬に旬を迎える土の中の野菜は体を温める素材が多く、食物繊維もたっぷり。奥行きのある味を堪能できます。

しょうがのみそ漬け

山芋のみそ漬け

ごぼうのみそ漬け

しょうがのみそ漬け

体を温め、代謝をよくしてくれるしょうが。
みその風味で辛みもまろやかになり、
食べやすくなります。

▶材料（作りやすい分量）

しょうが…200g

－A－
みそ…70g
みりん…大さじ1～2

▶作り方

1 しょうがはスプーンなどで溝や黒くなった部分を軽くこそげる。

2 保存袋にAを混ぜ合わせ、1を入れて軽くもむ。冷蔵庫に入れて3～6日おく。

しょうがの有効成分は皮のすぐ下にあるので、皮はむかず丸のまま漬ける。黒い汚れなどがあれば、スプーンなどを使って表面だけこそげ取る。

袋の上から手で軽くもんで漬ける。

保存

＊冷蔵庫で1カ月

山芋のみそ漬け

寒くなる季節に向け、
免疫力アップにも一役買ってくれる山芋。
シャキシャキした食感と強い粘りがたまりません。

▶材料（作りやすい分量）

山芋…1本（約450g）

－A－
みそ…70g
みりん…大さじ1

▶作り方

1 山芋は長さを3等分に切る。そのうち1個はさらに六つ割りしておく。

2 保存袋にAを混ぜ合わせ、1を入れて軽くもむ。冷蔵庫に入れて2時間～1日おく。

山芋は大きさを変えて切っておくと、漬かるタイミングに差ができ、食べごろの状態を長く楽しめる。

手で軽くもんでみそだれとなじませる。

保存

＊冷蔵庫で3～4日間

ごぼうのみそ漬け

香りよく、うまみの強いごぼうは、その歯ごたえも魅力。
さっとゆでてアク抜きしてから漬けます。

材料（作りやすい分量）

ごぼう…1本（約100g）

－A－
みそ…70g
みりん…大さじ1～2

保存

＊冷蔵庫で2週間

作り方

1 ごぼうはたわしでこすり洗いし、包丁の背で皮をこそげて袋に入る長さに切り、太い部分は縦半分に切る。

香りよく仕上げるために皮はこそげる程度に。

味がしみやすいよう、太いものは半分に切る。

2 鍋に湯を沸かし、1を加えて3～5分ゆでる。冷水にさらし、水けをよく拭く。

ごぼうは少し歯ごたえが残る程度にゆでる。

ペーパータオルなどで水けをよく拭く。

3 保存袋にAを混ぜ合わせ、2を入れて軽くもむ。冷蔵庫に入れて半日～2日おく。

みそだれをごぼう全体にからめる。

みそ床は
ドレッシングのベースにしたり、
みそ汁などに。
このあと肉や魚を漬けてもよい。

赤かぶのさっぱり漬け

皮をなるべく薄くむくことできれいな赤色に染まります。
甘さと酸味のバランスがよく、さっぱりと上品な味わいです。

材料（2人分）

赤かぶ…大1個（約450g）
塩…小さじ1～2
A
- 酢…½カップ
- 砂糖…大さじ2½
- 塩…小さじ½

作り方

1 赤かぶは皮を薄くむき、縦半分に切っていちょう切りにする。

2 ポリ袋に入れ、塩を加えてもみ、重しをして30分くらいおく。しんなりしたらさっと洗って水けをしぼる。

3 保存袋にAを混ぜ合わせ、2を入れて軽くもむ。冷蔵庫に入れて1時間以上おく。

保存
＊冷蔵庫で2週間

赤色の成分は皮にあるので、皮は薄めにむく。

食べやすい大きさのいちょう切りにする。

ポリ袋に入れたままボウルに入れ、重しをする。

袋の上から軽くもんで漬け汁をなじませる。

Arrange

赤かぶと帆立のカルパッチョ

華やかな色が目を引く料理はハレの日の一皿にも。
爽やかな酸味はオリーブ油との相性も抜群です。

材料（2人分）

「赤かぶのさっぱり漬け」の赤かぶ…適量、漬け汁…小さじ1
オリーブ油…大さじ1
帆立…3個
レモン…½個
ディルなど好みのハーブ…適量
粗びき黒こしょう…適量

作り方

1 帆立は厚みを半分に切る。ハーブはちぎる。

2 器に赤かぶと帆立を盛り、ハーブを散らし、こしょうをふる。漬け汁とオリーブ油を混ぜ合わせてかけ、レモンを添える。

冬のぬか漬け

寒い冬は発酵が緩やかになりますが、
冬こそじっくり漬けて食べたい野菜もたくさんあります。
冬場に不足しがちなビタミンがとれるのもうれしい限りです。

かぶのぬか漬け

自然な甘みが、ぬかの塩けとよく合います。
発酵が進みやすいので好みの食べごろに食べきって。

材料
かぶ…適量

作り方
かぶは葉を切り落としてよく洗い、皮をむかずにそのままぬか床に入れ、1～3日漬ける。早く食べたいときは、皮をむいて漬けても。

＊ぬか床の作り方は13ページ

小松菜のぬか漬け

カルシウムや鉄分も多く含む小松菜は、
鮮度がいいうちにぬか床へ。歯ごたえも抜群です。

材料
小松菜…適量
塩…適量

作り方
小松菜は塩もみをし、水けをしぼってぬか床に入れ、半日以上漬ける。

＊ぬか床の作り方は13ページ

冬のぬか床の管理

発酵が緩やかになるため、ぬか床は1日1回かき混ぜればOK。もし、仕上がりの味が落ちてきたかな、と感じたら、ぬか床に昆布や干ししいたけ、するめいかなどのうまみ素材や赤唐辛子、さんしょうなどの香辛料を追加するなどして様子を見ます。

春

長い冬にため込んだ脂肪や毒素を体から排出し
身体をリセットするデトックスの時期。
まわりの環境が変化することで、
ストレスを感じやすい時期でもあります。
肝臓の働きを促すといわれる山菜や
リラックス効果があるみずみずしい春野菜の漬け物を食卓に。
花粉症にも乳酸菌の力を発揮してくれます。

Le Parfait

乳酸キャベツ

キャベツと塩だけで作れるのに、
そのパワーは最強！
ビタミンと食物繊維に加え、
乳酸菌がたっぷりとれます。
そのまま食べても美味ですが、
アレンジ料理もおすすめです。

材料（作りやすい分量）

キャベツ…1個（約1kg）
塩…大さじ1½
砂糖…小さじ2
さんしょうの実の塩漬け…小さじ1～2
しょうがの薄切り…4～5枚
赤唐辛子…1～2本

作り方

1 キャベツを切る
キャベツはあれば外葉を除き、せん切りにする。

キャベツは細く切るほど早く発酵しやすくなる。

2 キャベツに調味料を加えてもむ
ボウルに1を入れ、塩、砂糖の各半量を加えて手でもむ。キャベツが少ししんなりしたら残りの半量を加えてもむ。さんしょう、しょうがを加えてさらにもみ、赤唐辛子を加える。

手でよくもんでキャベツをしんなりさせる。

調味料は半量ずつ加えてよくなじませる。

3 重しをする
2のキャベツの上に皿をのせ、一回り小さなボウルをのせて水を張って重しにし、冷暗所で3～6日間おく（気温によって変わる。過ごしやすい温度なら2～3日）。

ボウルには水を1.5Lほど注ぐ。

4 瓶に移す
2～6日たって、カサが減り、味見をしてみて酸味を感じるようになったら瓶に移す。冷蔵庫に入れて保存する。漬けてすぐも美味だが、1週間後くらいが食べごろ。

常に全体が漬け汁に浸るようにしておくと傷まない。

保存
＊冷蔵庫で2週間

アントシアニン豊富な紫キャベツでも同様に作れる。仕上がりもそのままきれいな紫色になるので、オードブルなどにも。

Arrange

さっぱりとした口当たりで揚げ物の消化もよくなる。

肉巻き乳酸キャベツフライ

材料(2人分・4個)

「乳酸キャベツ」(P72)…130~150g
豚薄切り肉…4枚(100g)
　塩・こしょう各少々、小麦粉適量
〈衣〉
小麦粉、卵液(溶き卵1個分、水・小麦粉各大さじ1)、
　パン粉…各適量
〈豆腐タルタル〉
豆腐…¼丁
「赤かぶのさっぱり漬け」(P66)の赤かぶ(刻む)…適量
塩・こしょう…各少々
マヨネーズ…小さじ2~3
揚げ油…適量

作り方

1 「乳酸キャベツ」は汁けをしぼる。衣の卵液の材料は混ぜ合わせる。豆腐タルタルの豆腐は厚手のペーパータオルに包んで水けをしぼりながら崩し、ほかの豆腐タルタルの材料とともにボウルに入れてよく混ぜ合わせる。

2 豚肉1枚は広げ、塩、こしょうをふり、薄く小麦粉をふる。「乳酸キャベツ」の¼量を手前に置き、向こう側に向かってくるくると巻きながら両端も包むようにまとめる。同様にあと3個作る。

3 小麦粉、卵液、パン粉の順に衣をつけ、170~180℃に熱した揚げ油できつね色になるまでカラリと揚げる。

4 皿に盛り、1の豆腐タルタルを添える。

Arrange

乳酸キャベツシュウマイ

乳酸キャベツのうまみで奥深い味わい。
しっとりまとまりやすいのも◎

材料（2人分）
「乳酸キャベツ」（P72）…100g
鶏ひき肉…150g
塩…ふたつまみ
ごま油…小さじ1
シュウマイの皮…大6〜8枚

作り方
1 「乳酸キャベツ」は汁けをしぼる。
2 ボウルにひき肉を入れて塩を加え、粘りが出るまでよく練る。1、ごま油を加えてさらによく練る。
3 バットに薄くかたくり粉（分量外）を敷き、2を6〜8等分して丸めてのせる。シュウマイの皮で包んで成形する。
4 蒸し器で約10分蒸す。好みで洋がらしや酢、しょうゆをつけて食べても。

Arrange

ベーコンのうまみがキャベツにしみてさらに美味！

乳酸キャベツのオープンサンド

材料（2人分）

「乳酸キャベツ」（P72）…100g
ベーコン…4枚
山形食パン…2枚
バター…適量
マスタード…適量

作り方

1 「乳酸キャベツ」は汁けをしぼる。ベーコンはフライパンに油を敷かずに焼く。
2 パンにバターをぬってトーストする。1を半量ずつのせ、マスタードをかける。

Arrange

植物性、動物性のWの乳酸菌パワーで腸内環境を整える

富士山キャベツ

材料（2人分）

「乳酸キャベツ」（P72）…150g
ペコリーノチーズ
（なければパルミジャーノチーズ）
…適量
オリーブ油…大さじ1〜2
粗びき黒こしょう…適量

作り方

器に「乳酸キャベツ」を盛り、チーズを削ってかける。オリーブ油をかけ、こしょうをふる。

Arrange

紫キャベツで作った乳酸キャベツで見た目も抜群！

紫キャベツのサーモンタルタル

材料（2人分）

「乳酸キャベツ」（P72）
…100g
スモークサーモン…4枚
レモン汁…小さじ2
オリーブ油…小さじ1
こしょう…少々
レモンのいちょう切り…2枚

作り方

1 サーモンは粗いみじん切りにし、レモン汁を混ぜる。

2 「乳酸キャベツ」、1、オリーブ油、こしょうをまな板に広げ、たたいて混ぜ合わせる。半量ずつプリン型などに入れて成形し、皿に盛り、レモンを添える。

食べるときにさらにオリーブ油やバルサミコ酢をふって、美肌効果もアップ！

Arrange

卵を加えて栄養バランス満点！

乳酸キャベツスープ

材料（2人分）

「乳酸キャベツ」（P72）…100g
溶き卵…1個分
鶏ガラスープの素…小さじ1

作り方

鍋に水1½カップ、スープの素、「乳酸キャベツ」を入れて火にかけ、煮立ったら溶き卵を回し入れる。好みでパセリのみじん切りをふっても。

うどのさっぱり漬け

爽やかな香りとシャキシャキとした歯ざわりが持ち味。漬ける前に酢水でしっかりアク抜きをします。

▶材料（作りやすい分量）

うど…2本（約300g）
しょうがの薄切り…2～3枚
A
酢…¼カップ
だし汁…¾カップ
砂糖…大さじ2½
しょうゆ…小さじ1～2

▶作り方

1 うどは5cm長さに切って皮をむき、酢水（分量外）にさらして、水けを拭く。

2 保存袋にAを混ぜ合わせ、1、しょうがを入れて軽くもむ。冷蔵庫に入れて2時間以上おく。

保存

＊冷蔵庫で3～4日間

うどは使う長さに切ってから、厚めに皮をむく。

うどはアクが強いので、漬ける前に酢水につける。

菜の花のさっぱり漬け

店先で見かけるようになると春の訪れを感じる菜の花。ほんのりとした苦みを生かしてシンプルに漬けて。

▶材料（作りやすい分量）

菜の花…1束（約230g）
赤唐辛子の小口切り…1本分
A
だし汁…¾カップ
酢…¼カップ
砂糖…大さじ2½
しょうゆ…小さじ1～2
塩…小さじ½

▶作り方

1 鍋に湯を沸かして塩少々（分量外）を加え、菜の花を根元から入れて色鮮やかになるまで1～2分ゆでて冷水にとる。根元を上にして持ち、根元からよく水けをしぼる。

2 保存袋にAを入れて混ぜ合わせ、1と赤唐辛子を入れて軽くもむ。冷蔵庫に入れて3時間以上おく。

保存

＊冷蔵庫で4～5日間

菜の花は根元を上に持って根元の方から水をしぼる。

全体が漬け汁に浸るようにしておく。

たけのこのさっぱり漬け

ほのかな甘みを生かしてさっぱりと。
さんしょうでピリッとした辛みをアクセントに。

▶材料（作りやすい分量）

たけのこの水煮…300g
さんしょうの実の塩漬け…小さじ2
— A —
酢…¼カップ
だし汁…¾カップ
砂糖…大さじ2½
しょうゆ…小さじ2〜3

▶作り方

1 たけのこの穂先はくし形に切り、下の方は1cm幅の輪切りにする。
2 容器にAを混ぜ合わせ、1、さんしょうを入れる。冷蔵庫に入れて半日以上おく。

保存

＊冷蔵庫で1週間

たけのこが浸るくらい漬け汁を注ぐ。

ふたをして冷蔵庫に入れて保存する。

新玉ねぎのしょうゆ麹漬け

やわらかく、生でおいしく食べられる新玉ねぎは
漬け物にも最適。しょうゆ麹でコクのある味つけに。

▶材料（作りやすい分量）

新玉ねぎ…2個（500g）
— A —
しょうゆ麹（P94参照）…大さじ2〜3
しょうゆ…50ml
酢…大さじ2
砂糖…小さじ1〜2

▶作り方

1 新玉ねぎは8つ割りにする。
2 保存袋にAを混ぜ合わせ、1を入れて軽くもむ。冷蔵庫に入れて1時間以上おく。

保存

＊冷蔵庫で1週間

軽くもんで、漬け汁を全体に行き渡らせる。

春キャベツのヨーグルトみそ漬け

ヨーグルト×みそで、ぬか漬けのような風味になります。

材料（作りやすい分量）

春キャベツ…½個
塩…小さじ1
A ヨーグルト…1カップ
　みそ…小さじ2～3

作り方

1 キャベツはざく切りにしてボウルに入れ、塩をふってもむ。
2 保存袋にAを混ぜ合わせ、1を入れてよくもむ。冷蔵庫に入れて1時間以上おく。

保存
＊冷蔵庫で4～5日間

ボウルにざく切りにしたキャベツを入れて、塩もみする。

保存袋にヨーグルトとみそを混ぜ合わせ、キャベツを漬ける。

春キャベツとさんしょうの香り漬け

さんしょうの清涼感のある香り。春キャベツの甘さが引き立つ一品です。

材料（作りやすい分量）

春キャベツ…½個
A だし汁…1カップ
　酢…大さじ2
　さんしょうの実の塩漬け…大さじ1

作り方

1 キャベツは縦5～6等分にくし形に切る。
2 保存袋にAを混ぜ合わせ、1を入れてもむ。冷蔵庫に入れて2時間以上おく。

保存
＊冷蔵庫で4～5日間

保存袋にだし汁、酢、さんしょうの実の塩漬けを混ぜ合わせる。

春キャベツは葉がやわらかいので、大きめに切って漬ける。

春キャベツの
ヨーグルトみそ漬け

春キャベツと
さんしょうの香り漬け

瓶で漬けたばかりはとてもきれい。

春豆のピクルス風

空豆、グリーンピース、スナップえんどう…3種の春豆が食卓を彩ります。

材料(作りやすい分量)
空豆…100g
グリーンピース…100g
スナップえんどう…100g
赤唐辛子(種を除く)…1~2本
タイム…1本
A
- 酢…¾カップ
- 水…1½カップ
- 砂糖…大さじ6~7
- 塩…大さじ1

作り方
1 鍋に湯を沸かして塩少々(分量外)を加え、スナップえんどう、空豆、グリーンピースの順に入れて歯ごたえが残る程度にゆでる。冷水にさっとくぐらせてザルに上げ、水けをよくきる。
2 鍋に赤唐辛子、タイム、Aを入れて火にかけ、3~4分煮立たせる。そのまま冷ます。
3 瓶に1を入れて2を注ぎ、冷蔵庫に入れて3時間以上おく。

保存
*冷蔵庫で4~5日間

Arrange
マヨネーズと混ぜるだけでおしゃれなサイドメニューに

春豆のサラダパスタ

材料(2人分)
「春豆のピクルス風」…1カップ
スパゲッティ…60g
マヨネーズ…大さじ2
温泉卵…2個
粗びき黒こしょう…適量

作り方
1 スパゲッティは塩少々(分量外)を加えた熱湯で袋の表示時間通りにゆでてザルに上げ、湯をきる。
2 「春豆のピクルス風」、マヨネーズを混ぜ合わせ、1をあえて器に盛る。温泉卵をのせ、こしょうをふる。

関東甲信越・東海

たまり漬けやハリハリ漬け、鉄砲漬けなど、
しょうゆの風味を生かした漬け物が多く見られる関東地方。
「べったら漬け」のように、浅漬けで、保存食としてだけでなく、
お茶請けとしても親しまれてきた漬け物も。
特産品を漬け物にしたものや、
山間部の素朴な味わいの漬け物も魅力です。

麹づくり

麹のよし悪しは、漬け物の要。米麹は蒸した米に麹菌を付着させ、繁殖・発酵させて作ります。よい麹（よい米麹は栗の香りがします！）を作るためには、常に菌の状態を見ながら、室の温度管理をします。目に見えない細かな状態にも気を配り、まるで赤ちゃんのお世話をするように行う、少しも気の抜けない作業です。麹で漬ける漬け物には、福島の「三五八漬け」や東京の「べったら漬け」などがありますが、実は、みそ、しょうゆ、甘酒などもすべて麹を原材料として造られているのです。写真の米麹のほかに、豆麹、麦麹があります。

東京の名産品、「べったら漬け」。良質な麹も味の決め手。

飛騨高山の漬け物ステーキ

名前にひかれてオーダーした一品。なんと、鉄板の上に漬け物を置き、溶き卵を流し入れた漬け物の卵とじでした！　古漬けは、鍋やお椀、チャーハンなどにしますが、ソースやたれに加えたりいつものお惣菜に加えたりしてアレンジ自在。味に深みも加わります。

千葉県の太巻き寿司

飾り寿司、花寿司とも呼ばれる、千葉の代表的な郷土料理です。絵のような華やかな切り口が特徴で、色とりどりの具材に欠かせないのが、山ごぼう漬け、菜っ葉の漬け物、しょうが漬けなどの漬け物です。

日光たまり漬け

色々な野菜で作られる、べっ甲色のたまり（みその上澄み）で漬けた漬け物。私はたまり漬けをスライスしてステーキや焼肉のアクセントに使うのも好きです。たけのこや山菜のたまり漬けは春のお楽しみ。通年楽しめるにんにくも美味。

愛知県碧南市の豆みそ蔵

豆みそは、「八丁みそ」や「赤みそ」などと呼ばれ、大豆と塩を原料に、長期熟成して造られるみそです。昔ながらの木樽で造っている豆みその蔵に入ると、乳酸菌のとてもよい香りが充満していました。よい香りの蔵はおいしい証拠でもあるのです。はしごを上らせていただくと、ゴロゴロと石を積んで重しがしてあります。長期間熟成させる昔ながらの造り方は貴重です。

ご当地漬け物アレンジ

かぶの葉の野沢菜漬け風

材料（作りやすい分量）

かぶの葉…2個分
　塩…小さじ1
しょうゆ
　…小さじ2～3
砂糖…小さじ1
昆布（3cm四方）…1枚
赤唐辛子の小口切り
　…1本分
酢…大さじ2

作り方

❶ かぶの葉は塩でもみ、しんなりしたら水で洗って水けをしぼる。

❷ 保存袋にしょうゆ、砂糖、昆布、赤唐辛子、酢を入れて軽くもむ。半日以上おく。

長野の郷土料理、野沢菜漬けに使われる野沢菜は、丈が1mほどにもなる菜っ葉ですが、元々は、大阪や京都で名産の天王寺かぶが変異したものといわれています。確かにかぶの葉と食味もそっくり！　そこで、葉の方にこそ栄養が多いビタミンたっぷりのかぶの葉を使って、野沢菜風に漬けてみました。

関西・北陸・中国

京野菜をはじめとした、さまざまな種類の野菜が
四季折々の漬け物として食卓を彩ります。
日本海に面した地域では、
魚を保存するためにぬか漬けにする文化が根づいています。
乳酸菌の力で長期保存ができ、さらに魚は熟成が促されておいしくなる。
素晴らしい先人の知恵を感じます。

発酵食品も鮮度のいい素材が大切！

発酵レストラン用のピクルス作り

見た目も楽しい紫玉ねぎピクルスは、島根県にある発酵レストラン用。地元の新鮮な野菜を使って作る発酵食品や郷土料理が食べられるこのお店では、旬の野菜を色々な酢やスパイス、手作り発酵フルーツシロップを調合して漬け、目の前のオーガニックハーブガーデンから摘んだハーブをトッピングして提供しています。

さばのなれ鮨

塩に漬け、さらにぬかに2年以上寝かせ、塩抜きし、その後に麹と米で熟成させたなれ鮨は、大変な手間がかかった漬け物。いっさい臭みがないのが不思議なほどで、まとわる米麹と一緒にいただきます。福井ならではの素晴らしい郷土料理です。ねっとりした舌触りなのに、乳酸菌の働きで爽やか。塩や麹の塩梅が最高！
　次の年の雪降る日に白壁の貯蔵蔵の作業を拝見。さばを塩漬けにして寝かせ、このあと、麹に漬けるのです。

ランチのかご盛りには、四季折々の漬け物で作られた料理が満載。かわいらしいお菓子にも甘酒や酒粕がたっぷり。

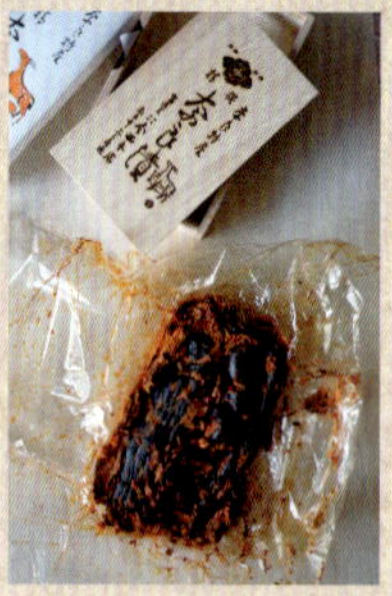

奈良の奈良漬け

酒粕を何度も取り替えながら、べっ甲色になるまで漬け込んで作る奈良漬け。こちらは奈良県出身の友人がおいしいものツアーで案内してくれた奈良漬け屋さんで購入。知る人ぞ知る奈良漬け専門店で、この奈良漬けはなんと20年も持つそう。かわいいひょうたんの奈良漬けも一緒に入っていました！

稲の収穫後の天日干しは、秋になるとあちらこちらで見られる里山の風景。太陽の恵みをたっぷり受けてゆっくりと乾いていくので、おいしいお米になるのです。

ご当地漬け物アレンジ

大根の千枚漬け風

材料（作りやすい分量）

大根（赤）…1本（約300g）

A
- 酢…¾カップ
- 砂糖…大さじ4
- 塩…小さじ1

作り方

❶ 大根は葉を落として薄い輪切りにする。
❷ 保存瓶に入れ、Aを注いで2日以上おく。

京都の冬の風物詩、かぶの千枚漬け。まろやかな甘みと酸味が上品な、見た目も繊細なお漬け物です。聖護院かぶでなくとも、大きめのかぶや太めの大根が手に入ったらぜひ作ってみてほしいのがこれ。ちょうど手に入った赤い大根で作ってみたら、酢で赤色が漬け汁に溶け出して大根も薄いピンク色に染まり、なんとも素敵な一品になりました。

四国・九州・沖縄

上質な素材を生かした調味料や
個性的な味わいの漬け物が豊富にそろいます。
塩漬けや高温では管理が難しいぬか漬けではなく、
発酵調味料で漬ける漬け物が多く見られるのも特徴です。
唐辛子の辛みをきかせて発汗作用を促し、
暑さを乗り切る工夫も。

小豆島のしょうゆ

塩屋さんがいつしかしょうゆ屋さんになり、品質のよいしょうゆを造る醸造所が増えました。しょうゆ造りは、400年もの歴史を持つ小豆島の伝統産業。木樽しょうゆの風味は格別で、これを使った漬け物も、いろいろな種類が作られています。

壺酢（きび酢）

与論島や加計呂麻島で小規模に造られているきび酢は、甘みがあり、ふくよかな味。それもそのはず、ここでは上質のさとうきびが栽培され、純度の高い黒糖も作られているのですから。私は漬け物にこの酢を使うことが多い。もともと酢に甘みがあり酸味が穏やかなので、水キムチやピクルスなどもサッとできます。酢といえば、鹿児島県霧島市福山町の黒酢も有名ですが、同じく壺造り。

高知の土佐しょうが漬け

しょうがの生産量日本一をほこる高知県。料理の撮影で使用する黄金しょうがは、色といい香りといい、ワンランク上のしょうがです。色々な料理に展開するのが楽しい。黄金しょうがの漬け物は、薄切りの甘酢漬け・しょうゆ漬け・みじん切りのごはんのお供など色々ですが、私はなんといってもみそ漬けが好きです。

九州の蟹《がん》漬け

福岡県・佐賀県・長崎県・熊本県にまたがる有明海は、日本最大の干潟でも有名。蟹漬け（写真右上）はここでとれるシオマネキという小さなカニを殻ごと潰してしょうゆ、酒、唐辛子などで漬けたもの。塩辛のような珍味で、殻ごと食べられます。写真手前は鯨の軟骨を粕漬けにした南極漬け、左上はボラの卵巣を塩漬けにした生からすみ。どれも酒のアテに、うなります。

博多のロケ弁は高菜漬けと明太子弁当

九州といえば高菜の漬け物や明太子が有名。塩けが多く、ご飯やお酒のお供にぴったりです。春に出回る高菜の新漬けは色鮮やかで辛みがあり、清々しい風味。油とも相性がよく、適度な塩けと食感があるので、炒め物やチャーハンの具材などにも使われています。豚骨ラーメンや鍋などにトッピングされていることも多いです。明太子はスケソウダラの子（たらこ）に、唐辛子や昆布などで辛みとうまみをつけたもの。生食用の塩漬けたらこ（甘塩たらこ）を使って作る、添加物の入っていないおいしい自家製明太子もおすすめです。

沖縄の豆腐よう

琉球郷土料理の豆腐ようは、豆腐を紅麹と黄麹、泡盛に漬けて長時間寝かせた発酵食品。中国から伝わったときは塩漬けでしたが、日本でオリジナルの豆腐ように発展しました。上質な泡盛で作ると、やはりおいしいようです。琉球料理家の山本彩香先生の作る豆腐ようは絶品です！

ご当地漬け物アレンジ

簡単豆腐よう

クリームチーズを使うことで、本物そっくりな奥深いコクと風味に近づけました！

材料（作りやすい分量）

クリームチーズ…200ｇ
A
- 白みそ…大さじ2
- 甘酒…大さじ2
- 焼酎…大さじ2

作り方

❶ クリームチーズはさいころ状に切る。
❷ 保存袋にAを入れて袋の上から混ぜ、①を加える。冷蔵庫に入れて3日以上おく。

おばあたちのお茶請け、パパイヤ漬け

奄美を訪れたとき、お茶に呼ばれていただいたパパイヤ漬け。熟す前の青みのあるパパイヤを塩漬けし、みそやしょうゆなどで味つけした南国ならではの味。それぞれの家の味があるソウルフードです。

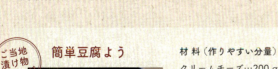

イザワの裏棚

乳酸菌発酵はしないけれど
漬けておくことで、体によく、
便利に使える漬け物がたくさんあります。
それが「イザワの裏棚」に並ぶ漬け物たち。
その中から、とっておきをご紹介します！

漬けておくと
とっても便利！

桜の塩漬けも
お気に入り！

棚には、さまざまな素材の酢漬け、塩漬け、シロップ漬けなどがずらり。「料理を簡単においしくしてくれる、秘蔵のアイテムです！」

塩麹

野菜はうまみが増し、
魚はおいしく保存性を高め、
肉料理はやわらかく仕上がる

材料（作りやすい分量）

米麹…200ｇ
塩…60ｇ
水…1½カップ

作り方

❶ ボウルに米麹を入れ、両手の手のひらで麹をこすり合わせるようにしてパラパラにほぐす。

❷ 瓶に①を入れ、塩を加えて混ぜ、水を加えてさらに混ぜる。1日1回、1週間ほど混ぜ、とろみがついたら出来上がり。

しょうゆ麹

しょうゆのコクと風味で、
これだけで味が決まる！

材料（作りやすい分量）

米麹…200ｇ
しょうゆ…450ml

作り方

❶ ボウルに米麹を入れ、両手の手のひらで麹をこすり合わせるようにしてパラパラにほぐす。

❷ 瓶に①を入れ、しょうゆを加えて混ぜる。1日1回、1週間ほど混ぜ、とろみがついたら出来上がり。

薬膳大豆昆布酢

**昆布のカルシウムが溶け出し
骨を丈夫に。
酢の物にも最高！**

材料（作りやすい分量）
黒豆…1カップ
昆布…20g
くこの実…大さじ2
米酢…適量

作り方

❶ 黒豆は洗って水けをきる。フライパンに入れ、弱めの中火で香ばしい香りがし、皮が弾けるようになるまで数分間フライパンを動かしながら炒る。

❷ 瓶に冷ました①、昆布、くこの実を入れ、材料がかぶるまで酢を注ぐ。1週間ほどで昆布のうまみがまわる。

＊ 豆もおいしく食べられる。

レモン塩

**そのまま薬味として使うほか、
炒め物、煮物の風味づけに**

材料（作りやすい分量）
レモン（国産・ワックスをかけていないもの）
…大3個
粗塩…大さじ9～10

作り方

❶ レモンは皮つきのまま塩（分量外）でこすり洗いして、ペーパータオルで水けを拭き、ヘタを除く。レモンの半量は7～8㎜厚さの輪切りにし、残り半量は乱切りにする。

❷ 瓶の底がかくれる程度の塩を入れる。レモンの⅓量、残りの塩の⅓量を順に重ね入れ、最後は塩でふたをする。上下にふって密閉し、冷暗所、または冷蔵庫へ。2～3日に1度、容器を上下にふってレモン全体に塩が行き渡るようにし、1～2週間おく。上澄みの水分が上がってきたらOK。

＊ レモンが水分に漬かった状態で、冷暗所で保存可能。

＊ 塩は肉や魚の下ごしらえに、皮と果肉はスープや煮込み料理に、上澄みはドレッシングなどに使える。切り方を変えて色々な用途に。

＊ 早く漬けたいときはポリ袋に入れてもむとよい。

干ししょうがオイル

**風味づけに最高！
油やしょうがを足しながら使える**

材料（作りやすい分量）
しょうが…2かけ
赤唐辛子…1本
オリーブ油（またはごま油）…適量

作り方

❶ しょうがはたわしでこすり洗いし、皮ごと薄切りや細切りにする。2～3日ザルに置いて天日干しし、干ししょうがにする。

❷ 瓶に①と赤唐辛子を入れ、しょうががかぶるくらいまでオリーブ油やごま油を注ぐ。途中で油を足したり、しょうがを足したりしながら使ってもよい。

＊ 干ししょうががオイルに漬かった状態で冷暗所か冷蔵庫で保存する。

井澤由美子（いざわ・ゆみこ）

料理家。調理師。季節の素材とその特性を生かした、おいしくて体にいい料理が人気。「乳酸キャベツ」や「レモン塩」の火付け役でもある。薬膳にも造詣が深く、発酵食品作りはライフワーク。趣味の醸造所巡りに加え、伝統的な食文化を受け継ぐ郷土料理に出会うため、休日には日本全国を飛び回る。お店のメニュー開発や講演、執筆など多方面で活躍している。

STAFF

ブックデザイン　林 陽子（Sparrow Design）
撮影　吉田篤史
スタイリング　肱岡香子
調理アシスタント　橋元美加子
編集　なかぼよしえ

乳酸発酵《にゅうさんはっこう》の力《ちから》で、体《からだ》の中《なか》から美《うつく》しく
体《からだ》がよろこぶ　お漬《つ》け物《もの》

2019年7月20日　発　行　　NDC596

著　者　井澤由美子《いざわゆみこ》

発行者　小川雄一
発行所　株式会社 誠文堂新光社
〒113-0033　東京都文京区本郷3-3-11
（編集）電話03-5805-7285
（販売）電話03-5800-5780
http://www.seibundo-shinkosha.net/
印刷・製本　図書印刷 株式会社

ISBN978-4-416-61974-2